Zeitreisender: „Welches Jahr haben wir?"

Ich: „2020"

Zeitreisender:

Woran merkt man dass die Deutschen das Corona Virus langsam ernst nehmen?
Es werden die ersten Betten auf der Intensivstation mit Handtüchern reserviert.

Und da war noch die Krankenschwester die während der Pandemie gestorben war und direkt in die Hölle kam. Sie brauchte zwei Wochen um zu realisieren, dass sie nicht mehr bei der Arbeit war.

Habe mich noch nicht entschieden wo ich nächstes Ostern verbringen soll: Wohnzimmer oder Schlafzimmer.

Theo von Taane

Corona
Witze und Sprüche
Humor gegen das Virus!

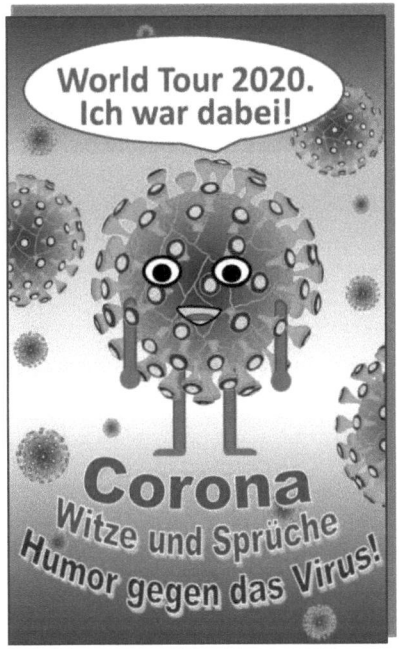

An alle Youtuber und andere die gerne die Witze dieses Buches in ihren Videos oder anderen Veröffentlichungen verwenden möchten: Es ist erlaubt bis zu 15 Witze bzw. Bilderwitze dieses Buches pro eigenes Veröffentlichungsprojekt z.B. Video oder anderes Buch zu verwenden unter Nennung und Angabe der Quelle direkt vor oder unter der verwendeten Witze: „Corona Witze und Sprüche" von Theo von Taane.

Bibliografische Information der Deutschen Nationalbibliothek:
Die Deutsche Nationalbibliothek verzeichnet diese Publikation
in der Deutschen Nationalbibliografie; detaillierte bibliografische
Daten sind im Internet über http://dnb.dnb.de abrufbar.
© 2020 Brian Gagg; 1. Auflage
Texte und Illustrationen: **Theo von Taane**
Herstellung und Verlag: BoD – Books on Demand,
Norderstedt
ISBN: **9783752672220**

*** Neu von IKEA ***
Die Sozialabstandsbank

In diesen Zeiten ist insbesondere darauf zu achten, keine Wertgegenstände im Auto zu lassen, wie z.B. das Handy, das Tablet oder Klopapierrollen.

Um dem Corona Virus zu entkommen, lebe ich jetzt in einer Höhle im Wald und habe mich in Bernd umbenannt. So kann mich das Virus nicht finden.

Husten in den öffentlichen Verkehrsmitteln wird mittlerweile so gesehen, wie früher Arabisch sprechen im Flugzeug.

Tag 13 in der Quarantäne:
Mein Bett und ich wachsen physisch zusammen.

Nie war es so einfach, sich wie ein VIP zu fühlen, insbesondere wenn der Security Typ an der Einlassschlange von Aldi einem zunickt, dass man jetzt rein kann.

Die Entgegennahme des Essens vom Lieferservice, fühlt sich in der Coronazeit so seltsam an wie eine Übergabe von Geheimdokumenten bei Nacht und Nebel während des kalten Kriegs.

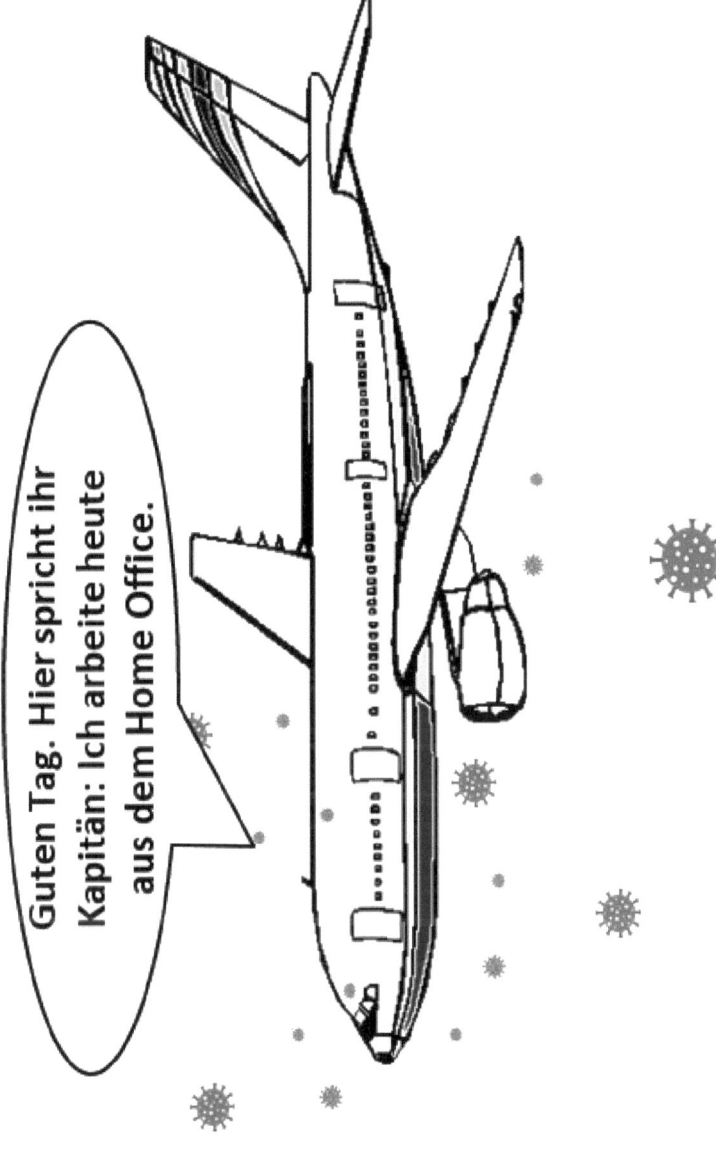

Was denken viele Deutsche beim Lesen der folgenden Punkte:

-> Grenzen werden dicht gemacht
-> Einkaufsregale sind leer

„Welcome back DDR!"

Weil ich so schwer atmen konnte, dachte ich „Um Himmels Willen, jetzt hast du Corona!". Aber dann knöpfte ich meine Hose auf und alles war wieder gut.

Mit dem Corona Virus gibt es das erste Produkt ‚Made in China', was nicht nach 4 Wochen kaputt ist.

Meine Hand nach 87 Mal waschen für je 20 Sekunden an einem Tag.

Die Nachricht aus der Corona App auf die jeder wartet:
„Herzlichen Glückwunsch, sie sind der Millionste Infizierte. Ihr Preis: 14 Tage Exklusivurlaub für sie ganz allein, zu Hause!"

Die Coronapandemie wird wohl langviriger laufen als gedacht.

Callcentersupport im Homeoffice während der Corona Pandemie.

Kunde: „Kann ich jemanden sprechen der höher gestellt ist als sie?"

Ich: „Katze...komm."

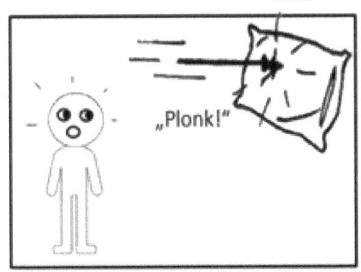

Durchsage des Psychologenverbands:
Dass viele im Rahmen der Quarantäne anfangen mit ihren Haustieren zu sprechen, ist völlig normal. Man sollte sich allerdings dann in psychologische Behandlung begeben, wenn diese anfangen zu antworten.

Corona 2020:
Ein Statement der Bundesregierung:
„Nach vielen Aufrufen ist es uns endlich gelungen, dass sich alle Bundesbürger die Hände waschen!"

Husten ist das neue Fahrradklingeln!

Die verschiedenen Kopfschmerztypen

Migräne

Bluthochdruck

Stress

Nur noch ein Blatt Toilettenpapier...

... und die Regale im Supermarkt sind leer!

Zwei Freunde treffen sich, fragt der eine: „Und wie klappt das in der Coronazeit mit deiner Putzfrau?" Antwortet der andere: „Och, soweit ganz gut. Sie arbeitet vom Home Office aus und gibt mir Putzanweisungen übers Telefon."

Probleme mit Lücken im Lebenslauf für 2020?
Einfach ‚war Händewaschen' hinschreiben.

Wie heißt der neue Bestseller?
„Der große Klopapierführer 2020"

Frau und Mann liegen nebeneinander im Bett.
Sie denkt: „Er denkt jetzt sicher gerade an eine
andere."

Er träumend: „Volle Regale...."

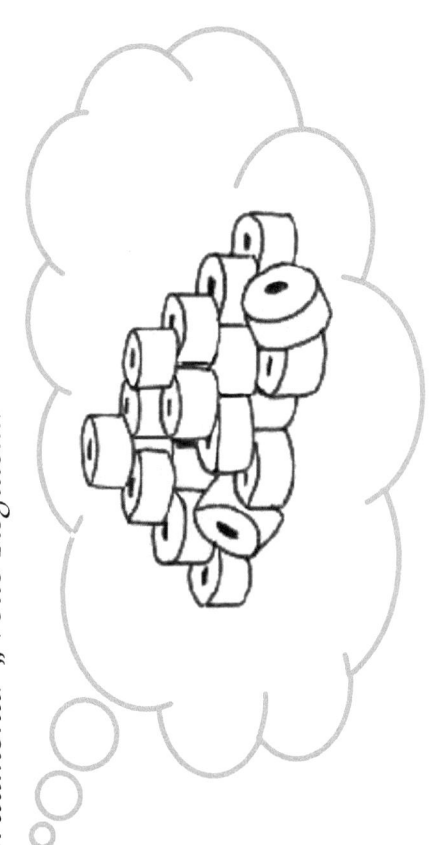

Kann Sauna eigentlich gegen das Corona Virus helfen?
Durchaus! Aber nur wenn man in der Saunakabine bleibt.

Frank zu Peter: „Hast du das mitbekommen? Die Fallzahlen sind schon wieder gestiegen! Wir sind alle verloren!"
Peter: „Du musst ganz ruhig bleiben. Komm setz dich erstmal und nimm einen tiefen Schluck aus der Sagrotanpulle!"

Eine Mutter auf den Beschluss dass die Kitas und Schulen für 4 Wochen geschlossen werden sollen:
„Was soll ich denn den ganzen Tag mit den Kindern machen?
Sollen sie etwa den ganzen Tag zu Hause bleiben?
Da, wo ich wohne?"

Die neuesten Hochrechnungen der Experten der Bundesregierung zeigen einen eindeutigen Ausblick bei den Corona-Infektionen:
Jeder, der sich mit dem Corona Virus infiziert hat, wird in spätestens 100 Jahren tot sein.

Zwei Freundinnen treffen sich, sagt die eine: „Also, dein Haarschnitt sieht ja verheerend aus. Wer hat dich denn so zugerichtet?", antwortet die andere: „Weiß ich nicht, er trug eine Maske."

„Husten, wir haben ein Problem!"

Gespräch im Jahr 2032:

Papa, warum heißt meine Schwester eigentlich Holiday?

Weil sie während des Urlaubs gezeugt wurde.

Danke, Papa.

Kein Problem, Quarantäne.

Jerome: „Mensch Frank, du bleibst angesichts der steigenden Infektionsraten so gelassen. Wieso eigentlich?"

Frank: „Erst, wenn bei der Obduktion der erste Corona Tote aufwacht und das Krankenhauspersonal anfällt und frisst, ist der Moment gekommen, wo ich mir Sorgen mache."

Wann wird es in der Corona Krise für die Deutschen besonders schlimm werden?

Wenn die Fallraten sich milder entwickeln als gedacht und alle dann wochenlang ihre 200kg gehorteten Nudeln essen müssen.

Gesundheitstipp:
Zerreibe eine Chili Schote zwischen deinen Händen. Es wirkt zwar nicht gegen das Virus, aber du wirst sehr schnell lernen, dir nicht andauernd ins Gesicht zu fassen.

Wenn du eine Schutzmaske trägst, halten die anderen einen 1,5m Abstand von dir. Ein paar Tropfen Kirschsaft drauf garantieren dir einen Abstand von mindestens 12m.

Meine Vorstellung von einer Apokalypse sind Zombies und nicht das zu Hause bleiben und Desinfizierungen!

Ich hatte mir einen Essensvorrat für 14 Tage gekauft. Aber nach drei Tagen war alles verbraucht.

Verwechselungen während der Corona Pandemie sind vorprogrammiert.

Quarantäne Tag 13:
„Das Bad hat 3519 Kacheln und ich bin stolzer Besitzer von 25218 Reiskörnern."

Welche Gesichtsfarbe bekommt man, wenn man sich mit dem Corona Virus infiziert hat?
Corona-grün

Ich glaube, jetzt ist die Zeit der Wahrheit gekommen oder wie will sich der Paketdienst jetzt noch rausreden, wenn alle Empfänger nachweislich zu Hause sind?

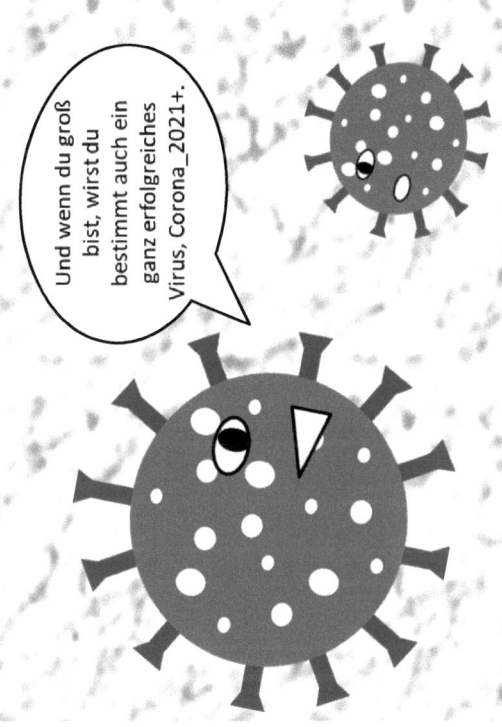

Könnt ihr euch noch erinnern?
Vor der Corona Pandemie hat man gehustet, um seinen Furz zu kaschieren. Jetzt ist es genau umgekehrt.

An alle, die gerne die Bläschen der Luftpolsterfolie zerknacken:
Bitte daran denken, dass die Luft darin aus China kommt!

Microsoft tritt Gerüchten entgegen:
„Nein, Cortana ist nicht die Schwester von Corona!"

WELTMEISTER IM SOCIAL DISTANCING

Welcher Teil deiner Kleidung hält nach absolvierter Quarantäne einen sicheren Abstand?
Dein Hosenknopf.

Das Corona Virus kommt in eine Bar. Der Barkeeper erkennt das Virus und spricht es an: „Hey, du da, hier werden keine Viren bedient." Daraufhin antwortet das Corona Virus: „Na gut, du scheinst mir auch kein guter Wirt zu sein."

Vor kurzem fingen die Wissenschaftler an, ein Auto auf das Corona Virus hin zu testen. Aber es stellte sich heraus, es hatte nur den Corolla Virus.

„Und, wer soll im Notfall kontaktiert werden?", fragte die Krankenschwester den mit Corona infizierten Patienten bei der Aufnahme. „Am besten ein sehr guter Arzt.", antwortet dieser.

Viele Frauen können in dieser Zeit der Pandemie auch positive Seiten abgewinnen:

Ich wusste schon lange, dass ich ein echter Vorreiter bin. Das Zuhause bleiben war bei mir schon angesagt, da war vom Corona Virus noch gar nicht die Rede!

Bissiger Kommentar zur Corona Pandemie:
„Corona stabilisiert den Rentenhaushalt."

Wer hamstert ist zu faul zum Plündern.

Auf die Frage was wirklich gegen Corona hilft, kann es aufgrund empirischer Analysen nur eine Antwort geben:

-> Toilettenpapier

Denn, warum ist es sonst ausverkauft?!

Neueste Nachrichten!
Hakles Börsenwert übertrifft um das zehnfache den vom Apple. Es gibt erste Übernahmegerüchte.

Aufgeregter Anruf bei der Polizei wegen Sichtung einer Herde von Zombies erwies sich als falsch. Der Melder hatte nur eine Gruppe Eltern nach vier Wochen Schließung von Schulen und Kitas gesehen.

Beim Arzt:

> **Herzlichen Glückwunsch! Sie sind der Erste mit einem neu mutierten Corona Virus.**

Also, jetzt wo die Quarantäne vorbei ist, liebe Produzenten von „Mein Leben als 300kg Mann", ich erwarte euch.

Und da war noch das frisch verliebte Pärchen nebeneinander im Bett liegend als er sagte: „Liebling … ich bin so richtig heiß!", darauf sie: „Ok, morgen machst du einen Corona Test."

Und nun noch ein Geheimtipp zur besonderen Entspannung: Einfach den Mund-Nasen Schutz über Nacht in Alkohol einlegen.

Übrigens, ich war bereits vor der Quarantäne übergewichtig und faul.

Folgendes Schild wurde in einem öffentlichen Klo nach eindringlicher Bitte der Klofrau aufgehangen:

Der 1,5 m Abstand gilt nicht für das Sitzen auf der Toilette!

Heute morgen habe ich gesehen, wie die Nachbarin mit ihrer Katze gesprochen hat. Es hatte den Anschein, dass sie dachte, dass die Katze sie versteht. Ich habe das alles meinem Hund erzählt. Wir haben sehr gelacht.

Zwei Planeten treffen sich nach langer Umlaufbahn wieder, sagt der eine: „Wow, du siehst aber elend aus!", darauf der andere: „Ja, ich leide unter Homo Sapiens im fortgeschrittenen Stadium.". „Oh,", sagt wieder der Erste, „da habe ich einen tollen Tipp für dich. Lass dir vom Arzt einfach Corona verschreiben, hat mir auch geholfen."

Sind wir alle verdammt?

C ⇨ 3
O ⇨ 15
R ⇨ 18
O ⇨ 15
N ⇨ 14
A ⇨ 1
_____

6   66

666

Vielleicht hat man sich ja bei der Interpretation des Weltuntergangs für 2012 beim Mayakalender um 8 Jahre verrechnet?

Die WHO warnt nun schon vor zwei sich schnell umgreifenden Pandemien. Die eine ist das CORONA VIRUS und die andere ist DUMMHEIT.

Ich denke, wir sollten nach der Quarantäne bestimmte Menschen gezielt von der Information aussparen, dass sie vorüber ist.

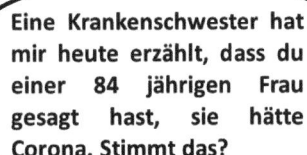

Wussten sie schon?

Die Corona Pandemie brachte auch ganz neue Geschäftsideen hervor:

So gibt es jetzt beispielsweise ein Stinktierverleih, um dem Besitzer beim nach draußen gehen einen natürlichen Abstand zu seinen Mitmenschen zu garantieren.

Des Weiteren werben viele Supermärkte nun mit modifizierten Einkaufswägen. Diese weisen die doppelte Länge auf, welche einen maximalen Sicherheitsabstand zum Vordermann beim Schlange stehen an der Kasse bzw. generell beim Einkaufen im Supermarkt gewährleisten soll.

2020, das Jahr, in dem ich reich war.

Die Corona Pandemie stellt die modebewusste Frau vor ganz neue Herausforderungen. Wie lassen sich die hunderte von verschiedenartigsten Mundschutzmasken nicht nur am Präsentabelsten im Kleiderschrank aufbewahren, sondern wie soll man hierfür Extraplatz schaffen?

Ein Gespräch, das vermieden werden sollte:

Der Mann zu seiner Frau: „Wie schön, die Quarantäne ist vorüber.", darauf die Frau: „Ja, und ich habe währenddessen doch nicht zugenommen, oder?", darauf wieder der Mann: „Ich wähle das ODER!"

GESTORBEN: 14:45 Uhr
TODESURSACHE: CORONA

Was ist 9 Monate nach Ausbruch der Pandemie zu erwarten?

Viele Frauen bekommen Kinder. Aber bei der Frage nach dem Vater hört man oft:

„Kann ich nicht sagen, er trug eine Maske."

Ich stand letztens vor einem Wunschbrunnen, warf eine Münze hinein und habe mir gewünscht, dass ich dieses Jahr nicht wieder zusammen mit meiner Schwiegermutter in den Urlaub fahren muss.

Aber ehrlich, deshalb gleich eine Pandemie loszutreten war doch reichlich übertrieben lieber Wunschbrunnen.

Und da war noch das verliebte Pärchen bei einem Candlelight Dinner, bei dem beide ordnungsgemäß eine Maske trugen und der junge Mann schüchtern seine Angebetete fragte: „Liebling, darf ich deinen Mund und deine Nase sehen?" Darauf sie: „Ach Schatz, doch erst nach der Hochzeit."

Fahne des Jahres 2020:

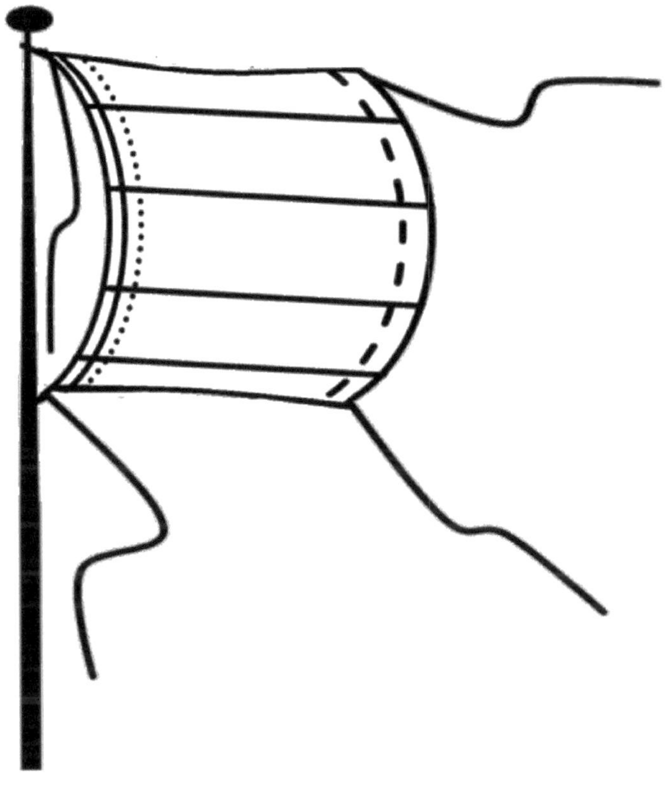

Die Entscheidung, das Oktoberfest wegen Corona abzusagen fiel den Verantwortlichen sehr schwer. Allerdings wurde die Entscheidung schließlich einstimmig getroffen nachdem einer der Teilnehmer die anderen aufgefordert hatte, sich das Bild von Besuchern vorzustellen, wie diese sich mit einem vorgespannten Mundschutz übergeben.

Ein neuer Thriller führt derzeit die Bestsellerlisten der Buchverkäufe weltweit an:

2020
von Stephen King

Treffen sich das Corona und das Influenza Virus...

Eine Frage, die mich derzeit umtreibt:
Diese Mund-Kinn Masken die viele tragen, wo bekommt man die?

Wow, ich habe einen Lauf!
In jeder Bar, in der ich gestern Abend war, hat mich die Kellnerin nach meinem Namen und meiner Telefonnummer gefragt.

Spielerlaubnis für die Bundesliga.
Übungsverbot für die Feuerwehr.
Wen anrufen, wenn es einen Notfall gibt?
Den DFB!

In der Schule:
Matheaufgabe: „Frank kauft in zwei Stunden 100 Rollen Klopapier. Wieviel Klorollen kauft er in 10 Minuten?"

2015: Schüler: „So eine dumme Aufgabe, so etwas gibt es auch nur im Mathebuch."

2020: Schüler: „..."

Was lehrt uns die Klopapierkrise?
Es gibt mehr Arschlöcher in Deutschland als wir dachten!

Wählen sie eine Zahlungsmethode:

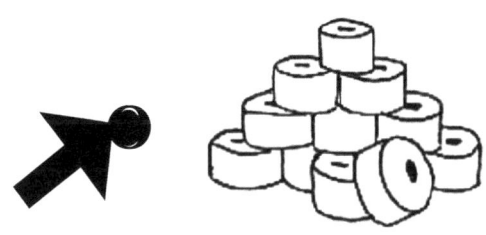

O Paypal

O Visa

O Mastercard

2020 wurde das Grundgesetz um einen weiteren Artikel ergänzt:
§ 1a: Jeder Deutsche hat das Recht auf 20 Packungen Klopapier pro Monat.

Tag 7 in der Quarantäne:
Das Kind fragt, ob es damit aufhören darf, Kinderfilme auf Netflix zu schauen.

Früher saß ich nur einfach so rum, aber heute nennt man das Leben retten!

Zwei Freunde unterhalten sich, sagt der eine: „Und wo machst du deinen nächsten Urlaub?", antwortet der andere: „In Haustralien mit Abstecher nach Balkongo."

Habe mittlerweile so viel Desinfektionsmittel und Seife in mir aufgenommen, dass ich jetzt kein Toilettenreiniger mehr benötige, pinkeln reicht.

Duft des Jahres 2020:

L'eau d'desinfection

Konnte kein Mundschutz tragen ….

Ausgestorben!

Wenn wir alt sind und uns noch einmal an die Corona Zeit zurück erinnern, werden wir sagen: „Was waren das doch für verrückte 10 Jahre!"

Habe mich nach der Quarantäne gewogen. Und was soll ich sagen, habe wohl zugenommen.
Liegt offenbar daran, dass ich so lange nicht zum Frisör gehen konnte.

Wenn mir früher mal jemand prophezeit hätte, dass ich einmal mit einer Maske am Bankschalter stehen würde, ich hätte ihn für verrückt erklärt.

Es ist schrecklich. Tag für Tag muss ich den Mund und die Nase von irgendjemanden bedecken!

Na toll!

Ende

Hat euch das Buch gefallen, dann würde ich mich über eine positive Bewertung freuen.

Ausschnitt von weiteren Büchern von Theo von Taane

Titel	Alter	ISBN
Funcraft - Das inoffizielle Witzebuch für Minecraft Fans	8-14	9783743192539
Funcraft - Noch mehr inoffizielle Witze für Minecraft Fans	8-14	9783743192607
Funcraft - Die besten inoffiziellen Witze für Minecraft Fans	8-14	9783743193192
Funcraft - Die lustigsten inoffiziellen Witze für Minecraft Fans	8-14	9783743195240
Funcraft - Das inoffizielle Rätselbuch für Minecraft Fans	8-14	9783743195387
Funcraft - Noch mehr inoffizielle Rätsel für Minecraft Fans	8-14	9783743195400
Funcraft - Das inoffizielle Offline Spielebuch für Minecraft Fans	8-14	9783743195424
Funcraft - Das inoffizielle Quizbuch für Minecraft Fans	8-14	9783741291203
Funcraft - Noch mehr inoffizielle Quizfragen für Minecraft Fans	8-14	9783739235592
Funcraft - Das inoffizielle Rekordebuch für Minecraft Fans	8-14	9783743165502
Funcraft - Das inoffizielle Hausaufgabenbuch für Minecraft Fans	8-14	9783743177666
Funcraft - Aufstand in Germanien (Ein Minecraft inspirierter Roman)	12-99	9783743196858
Funcraft - Eiszeitjäger: Auf der Fährte des Löwen (Ein Minecraft inspirierter Roman)	12-99	9783743196865
Funcraft - Das beste inoffizielle Notizbuch (liniert) für Minecraft Fans	6-99	9783743196872
Funcraft - Das inoffizielle Notizbuch (kariert) für Minecraft Fans	6-99	9783743196889
Funcraft - Frohes Neues Jahr an alle Minecraft Fans! (inoffizielles Notizbuch) - Das	6-99	9783743196896
Funcraft - Fröhliche Weihnachten an alle Minecraft Fans! (Inoffizielles Notizbuch)	6-99	9783743196902
Passwort Logbuch für Minecraft Fans	6-99	9783743163928
Pokefun - Das inoffizielle Witzebuch für Pokemon GO Fans	6-99	9783743109780
Pokefun - Das inoffizielle Quizbuch für Pokemon GO Fans	6-99	9783743109827
Pokefun - Das inoffizielle Notizbuch (Team Rot) für Pokemon GO Fans	6-99	9783743109841
Pokefun - Das inoffizielle Notizbuch (Team Gelb) für Pokemon GO Fans	6-99	9783743109858
Pokefun - Das inoffizielle Notizbuch (Team Blau) für Pokemon GO Fans	6-99	9783743109865
Pokefun - Das absolut inoffizielle Notizbuch für Pokemon GO Fans	6-99	9783743109834
Weltbester Radfahrer - Notizbuch	6-99	9783738610161
Weltbester Inline Skater - Notizbuch	6-99	9783738610178
Weltbester Skifahrer - Notizbuch	6-99	9783738610185
Weltbester Snowboarder - Notizbuch	6-99	9783738610192
Weltbester Sportler - Notizbuch	6-99	9783738610208
Weltbester Surfer - Notizbuch	6-99	9783738610215
Weltbester Taucher - Notizbuch	6-99	9783738610222
Weltbester Tennisspieler - Notizbuch	6-99	9783738610239
Weltbester Volleyballer - Notizbuch	6-99	9783738610246
Weltbester Wassersportler - Notizbuch	6-99	9783738610253